據中國國家圖書館藏清抄本（武英殿聚珍版叢書底本）影印原書版框高二十·八釐米寬十四·六釐米

中華再造善本

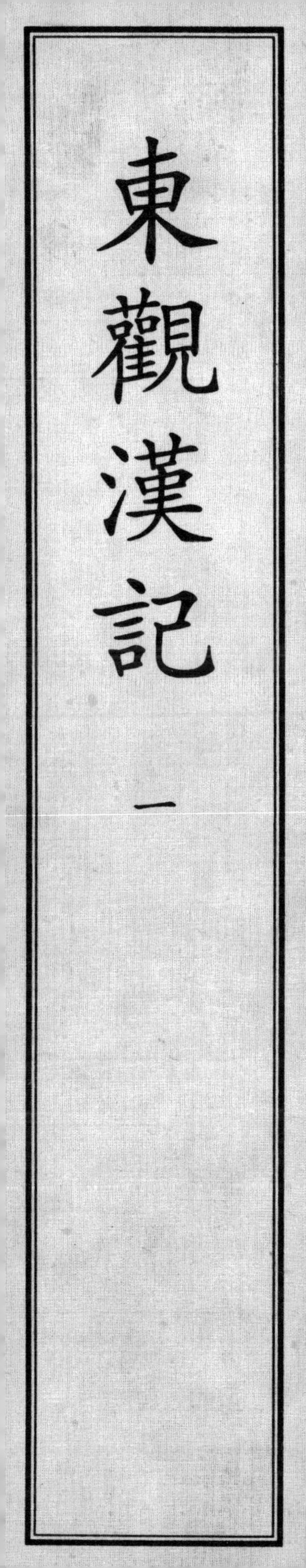

東觀漢記

一

武英殿聚珍版

賈復　賈宗
鄧遵　吳漢
鄧閶　鄧豹
鄧悝　鄧弘
鄧鴻　鄧陟
鄧禹　鄧訓

列傳三

卷八

孝德皇　平原懷王勝

樂成王萇　下邳惠王衍
彭城靖王恭　樂成靖王黨
中山簡王焉　琅邪孝王京
阜陵質王延　廣陵思王荊
濟南安王康　東平憲王蒼
沛獻王輔　楚王英
城陽恭王祉　東海恭王彊
紀　梁
北海敬王睦　趙孝王良

卷十一

列傳六

馮石　趙憙

卷十四

列傳九

朱浮　鮑永

鮑昱　田邑

馮衍　馮豹

王閎　王元

卷十五

列傳十

丁綝　丁鴻

宣秉　宣彪

王丹　王良

申屠剛　郅惲

郭伋　杜詩

孔奮　張堪

衛颯　茨充

任延　董宣

樊曄　李章

卷十七

列傳十二

卷十八

列傳十三

劉平　承宮
鍾離意　宋均
朱酺　鮭陽鴻
楊政　薛漢
郇恁　徐匡
張重　姜詩
趙孝　魏譚
牟融

卷十八

列傳十三
第五倫　桓虞
鄧彪　鄭弘
宋意　朱暉
韋彪　韋豹
鄧[illegible]　鄭均
王景　廉范
王阜　秦彭
[illegible]　曹褒

卷十九

東觀漢記　目錄　

列傳十四

卷二十

列傳十五

東觀漢記目錄

卷二十

郭丹 汝郁 李充 張霸 黃瓊 王渙 梁諷 何敞

鄭衆 張奐 司馬均 周紆 黃琬 黃香 李恂 周榮

列傳十五

張堪 楊秉 任尚 馮良 蔡倫 李固 左雄 張綱

楊震 楊賜 薛苞 劉輔 龐參 張況 周舉 王堂

三

卷二十二

又三月廿四　桂

臣等謹案東觀漢記、隋書經籍志稱長水校尉劉珍等撰、今攷之、范書、珍未嘗為長水校尉、且此書創始在明帝時、不可題珍等居首、案范書班固傳云、明帝始詔班固與睢陽令陳宗長陵令尹敏司隸從事孟冀、共成世祖本紀、并撰功臣平林新市公孫述事、作列傳載記二十八篇、此漢記之初創也、劉知幾史通古今正史篇云、安帝詔史官謁者僕射劉珍及諫議大夫李尤雜作紀表名臣節士儒林外戚諸傳、起建武訖永初、范書劉珍傳亦稱

鄧太后詔珍與劉騊駼作建武以來名臣傳、此漢記之初續也、史通又云、劉珍等卒、復命侍中伏無忌與諫議大夫黃景作諸王王子功臣恩澤侯表、南單于西羌傳、地理志、元嘉元年、復令太中大夫邊韶、大軍營司馬崔寔、議郎朱穆曹壽雜作孝穆崇二皇及順烈皇后傳、又增外戚傳入安思等后、儒林傳入崔篆諸人、寔壽又與議郎延篤雜作百官表、順帝功臣孫程郭願及鄭衆蔡倫等傳、凡百十有四篇、號曰漢記、范書伏湛傳亦云、元嘉中、桓帝

帝詔伏無忌與黃景崔寔等共撰漢紀、延篤傳亦稱
篤與朱穆邊韶、共著作東觀、此漢記之再續也、蓋
至是而史體粗備、乃肇有漢記之名、史通又云熹
平中、光祿大夫馬日磾議郎蔡邕楊彪著作東觀、
接續紀傳之可成者、而邕別作朝會車服二志、後
坐事徙朔方、上書求還續成十志、董卓作亂、舊文
散逸、及在許都、楊彪頗存注記、案范書蔡邕傳、邕
在東觀、與盧植韓說等撰補後漢記、所作靈紀、及
十意、又補諸列傳四十二篇、因李傕之亂多不存、

盧植傳亦稱熹平中、植與邕說並在東觀補續漢
記、又劉昭補注司馬書引袁山松書云、劉洪與蔡
邕共述律歷記、又引謝承書云、胡廣博綜舊儀、蔡
邕因以為志、又引謝沈書云、蔡邕引中興以來所
修者為祭祀志、范書李賢注稱邕上書云、臣科條
諸志、所欲刪定者一、所當接續者四、前志所無臣
欲著者五、此漢記之三續也、其稱東觀者、范書安帝
紀李賢書注、引雒陽宮殿名云南宮有東觀、竇章
傳云、永初中學者稱東觀為老氏藏室道家蓬萊

又三月廿四　葆

萊山、蓋東漢初、著述在蘭臺、至章和以後、圖籍盛于東觀、修史者皆在是焉、故以名書、隋志稱書凡一百四十三卷、而新舊唐書志則云一百二十七卷、又録一卷、蓋唐時已有闕佚、隋志又稱是書起光武訖靈帝、今攷列傳之文、間記及獻帝時事、蓋楊彪所補也、晉時以此書與史記漢書為三史、人多習之、故六朝及初唐人隸事釋書、類多徵引、自唐章懷太子李賢集諸儒注范書、盛行于代、此書遂微、北宋時尚有殘本四十三卷、趙希弁讀書附志

部、博聞見後録、並稱其書乃高麗所獻、蓋已罕得、南宋中興書目、則止存鄧禹吳漢賈復耿弇寇恂馮異祭遵景丹蓋延九傳、共八卷、維時有蜀本流傳而錯誤不可讀、上蔡任淵始以秘閣本讎校、羅願為序行之、刻板于江夏郡、又陳振孫書録解題、稱其所見本卷第凡十二、而闕第七第八二卷、卷數雖似稍多、而核其列傳之數、亦止九篇、則固無異于書目所載也、自元以來、此書久佚、永樂大典、于鄧吳賈耿諸韻內並無漢記一語、則所謂九篇

篇者明初即已不存矣、本朝姚之駰撰後漢書補逸曾蒐集遺文、析為八卷、然所採祇據劉昭續漢書十志補注、范書李賢注、虞世南北堂書鈔、歐陽詢藝文類聚、徐堅初學記五書、又往往掇拾不盡、挂漏殊多、今謹據姚本舊文、以永樂大典各韻所載、參攷諸書、補其闕逸、所增者幾十之六、其書久無刊本、傳寫多訛、姚本隨文鈔錄、謬戾百出、且漢記目錄雖佚、而紀表志傳載記諸體例、史通及各書所載、梗概尚一一可尋、

姚本不加攷證、隨意標題、割裂顛倒、不可殫數、今悉加釐正、分為帝紀三卷、年表一卷、志一卷、列傳十七卷、載記一卷、其篇第無可攷者、別為佚文一卷、而以漢記與范書異同附錄于末、雖殘珪斷璧、零落不完、而古澤斑斕、罔非瑰寶、書中所載如章帝之詔、增修群祀、杜林之議、郊祀東平王蒼之議廟舞、並一朝大典、而范書均不詳載其文、他如張順預起義之謀、王常贊昆陽之策、楊正之嚴正、趙勤之潔清、亦復槩從闕如、殊為疎畧、惟賴茲殘篋

又三月廿九侯

者明初即已不存矣本朝姚之駰撰後漢書補逸曾蒐集遺文析為八卷然所採祇據劉昭續漢書十志補注范書李賢注虞世南北堂書鈔歐陽詢藝文類聚徐堅初學記五書又往往摭拾不盡掛漏殊多今謹撿本書大以永樂大典各韻所載參考諸書補其闕逸所增者幾十之六其書久無刻本傳寫久譌姚本隨文鈔錄謬誤百出且漢記目錄雖佚而紀表志傳載記諸體例史通及各書所載梗概尚一一可尋

姚本不加考證隨意標題割裂顛倒不可殫數今參加釐正分為帝紀三卷年表一卷志一卷列傳十七卷載記一卷其篇第無可考者別為佚文一卷又以漢記與范書異同附錄於末雖殘圭斷璧零落不完而古澤斑斕罔非瑰寶書中所載如章帝之詔增修群祀杜林之議郊祀東平王蒼之議廟舞並一朝大典而范書乃不詳載其文他如順類流義之議王當貫品隱之以據上之議正趙欲之議清訂復樂從闕如殊為承是惟賴讀發覆

讀史者尚有所循則其有資攷證良匪淺鮮尤不可不亟為表章矣乾隆四十二年十月恭校上

總纂官侍讀學士臣陸錫熊

侍講學士臣紀昀

纂修官庶吉士臣楊昌霖

東觀漢記卷一

帝紀一

世祖光武皇帝

光武皇帝諱秀高帝九世孫也承文景之統出自長沙定王發生春陵節侯春陵本在零陵郡節侯孫考侯（案考侯原誤作孝侯今從范書城陽恭王祉傳及李善文選注改）以土地下濕元帝時求封南陽蔡陽白水鄉因故國名曰春陵皇考初爲濟陽令有武帝行過宮常封閉帝將生皇考以令舍下濕開宮後殿居之（案范書帝紀李賢注引蔡邕碑云光武將生皇考以令舍不顯開宮後殿居之

與此合范書謂生于縣舍殊誤）建平元年十二月甲子夜帝生時有赤光室中盡明如晝皇考異之使卜者王長卜之長曰此善事不可言是歲有嘉禾生一莖九穗長大于凡禾縣界大豐熟因名帝曰秀先是有鳳凰集濟陽故宮中皆畫鳳凰聖瑞萌兆始形于此帝爲人隆準日角大口美鬚眉長七尺三寸在春陵時望氣者言春陵城中有喜氣曰美哉王氣鬱鬱葱葱（案范書帝紀望氣者蘇伯阿也）年九歲而南頓君卒（案范書帝紀南頓君名欽卽帝考也）隨其叔父在蕭入小學後之長安受尚書于中大夫廬江許子威資用乏與同舍生

案太平御覽每下作美惡

韓子合錢買驢令從者僦以給諸公費大義略舉因學世事朝政每下（案太平御覽每下作美惡）必先知具爲同舍解說高才好學然亦喜遊俠鬭雞走馬具知閭里姦邪吏治得失時會朝請舍長安尚冠里南陽大人賢者往來長安爲之邸閭稽疑議（案文選注閭作問）李善文嘗訟逋租于大司馬嚴尤尤見而奇之時宛人朱祜亦爲舅訟租于尤尤止車獨與帝語不視祜帝歸戲祜曰嚴公寧視卿耶王莽時雒陽以東米石二千莽遣三公將運關東諸倉賑貸窮乏又分遣大夫謁者教民煮木爲酪酪不可食重爲煩擾

東觀漢記　卷一　二

流民入關者數十萬人置養贍官以廩之盜發其廩民餓死者十七八（案班書王莽傳養贍官以使者與小吏共盜其廩飢死者十七盜賊）人民相食末年天下大旱蝗蟲蔽天盜賊羣起四方潰畔荊州下江平林兵起王匡王鳳爲之渠率時南陽旱饑而帝田獨收帝仁智明達（案太平御覽達作遠）多權略樂施愛人在家重慎畏事勤于稼穡兄伯升好俠笑帝事田作比之高祖兄仲宛大姓李伯玉（案以下文事蹟推之李伯玉蓋即李通而范書李通傳字次元不言其一名伯玉是可補其闕略）從弟軼數遣客求帝帝欲避之先是時伯玉同母兄公孫臣爲醫伯升請呼難伯升殺之（案同

母兄公孫臣司馬彪續漢書及是書李通傳俱作同母弟申屠臣與此異帝恐其怨故避之使來者言李氏欲相見款誠無他意帝乃見之懷刀自備入見固始侯案范書李通傳通建武二年封固始侯兄弟為帝言天下擾亂飢餓下江兵盛南陽豪右雲擾因具言讖文事劉氏當復起李氏為輔帝殊不意獨內念李氏富厚父為宗卿師語言譎詭殊非次第嘗疾毒諸家子數犯法令李氏家富厚何為如是不然諾其言諸李遂與南陽府掾史張順等連謀帝深念良久天變已成遂市兵弩絳衣赤幘時伯升在舂陵亦已聚會客矣帝歸舊廬望見

廬南若火光以為人持火呼之光遂盛赫然屬天有頃不見異之遂即歸宅乃與伯升相見初伯升之起也諸家子弟皆亡逃自匿曰伯升殺我及聞帝至絳衣大冠服將軍服乃驚曰以為獨伯升如此也仲謹厚亦如之皆合會共勞饗新市平林兵王匡王鳳等因率舂陵子弟隨之兵合七八千人帝騎牛與俱殺新野尉後乃得馬帝起義兵案范書帝紀起兵在王莽地皇三年十一月攻南陽暮聞冢上有哭聲後有人著大冠絳單衣案此有闕文攷范書殺新野尉即在是時使劉終偽稱江夏吏誘殺湖陽尉嚴尤擊下江兵案班書王莽傳

地皇三年遣納言大將軍嚴尤秩宗大將軍陳茂擊荊州破下江兵帝奉糗一斛脯三十
朐進圍宛城案自此以下皆王莽地皇四年事即更始元年也王莽懼遣大司
徒王尋大司空王邑將兵來征更始立以帝爲太常偏
將軍時無印得定武侯家丞印佩之入朝尋邑兵到潁
川嚴尤陳茂與合尤問城中出者言帝不敢取財物但
合會諸兵爲之計策尤笑言曰是美鬚眉目者耶欲何
爲乃如此初莽遣尋邑欲盛威武以振山東兵甲衛朝
干戈旌旗戰攻之具甚盛至驅虎豹犀象奇偉猛獸以
長人巨無霸爲中壘校尉自秦漢以來師出未曾有也

帝邀之于陽關尋邑兵盛漢兵反走帝馳入昆陽諸將
惶恐各欲散歸帝與諸將議城中兵穀少宛城未拔力
不能相救今昆陽即破一日之間諸將亦滅不同力救
之反欲歸守其妻子財物耶諸將怒曰劉將軍何以敢
如此帝乃笑且去惟王常是帝計會候騎還言尋邑兵
已來長數百里望不見其後尾前已至城北矣諸將遽
請帝帝到爲陳相救之勢諸將素輕帝及迫急帝爲畫
成敗皆從所言時漢兵八九千人留王鳳令守城夜出
城南門尋邑兵已五六萬到遂環昆陽城作營且圍之數十

重（案姚之駰本作數百重參證范書帝紀則百字誤）雲之數重雲車十餘丈瞰臨城中旗幟蔽野塵熛連雲金鼓之聲數十里或爲地突或爲衝車撞城積弩射城中矢下如雨城中負戶而汲尋邑自以爲成功漏刻有流星墜尋營中正晝有雲氣如壞山直營而霣不及地尺而散吏士皆壓伏時漢兵在定陵郾者聞尋邑兵盛皆怖帝歷說其意爲陳大命請爲前行諸部堅陣帝將步騎千餘前去尋邑軍四五里而陣尋邑遣步騎數千合戰帝奔之斬首數十級諸部將喜曰劉將軍平生見小敵怯今見大敵勇甚奇

怪也帝復進尋邑兵卻諸部乘之斬首數百千級連連勝遂令輕足將書與城中諸將言宛下兵復到而陽墜其書尋邑得書讀之恐帝遂選精兵三千人從城西水上奔陣尋邑兵于是大奔北殺尋而昆陽城中兵亦出中外竝擊會天大雷風暴雨下如注水潦成川滍水盛溢邑大衆遂潰亂奔走赴水溺死者以數萬滍水爲之不流邑與嚴尤陳茂輕騎乘死人渡滍水逃去漢軍盡獲其珍寶輜重車甲連月不盡五月齊武王拔宛城齊（案武王即帝兄伯升）後數日更始收齊武王部將劉稷齊武王強

爭之，遂用譖愬復收齊武王，即日皆物故。帝降潁陽，雖得入，意不安。門下有繫馬著鼓者，馬驚硠磕，鄧晨起走出視之，乃馬也。帝在父城，徼詣宛，拜帝爲破虜大將軍，封武信侯。更始害齊武王，帝飲食語笑如平常，獨居輒不御酒肉，坐卧枕席有涕泣處。更始欲北之雒陽，以帝爲司隸校尉，先到雒陽，整頓官府，文書移與屬縣。三輔官府吏（案官府吏，太平御覽作吏士）東迎雒陽者，見更始諸將過者已數十輩，皆冠幘，衣婦人衣，諸于繡擁𧝝，大爲長安所笑，知者或畏其衣，奔亡入邊郡避之。及見司隸官屬，皆

相指視之，極望老吏或垂涕曰：粲然復見漢官儀體。賢者蟻附。更始欲以近親巡行河北，大司徒賜言帝第一可用，更始以帝爲大司馬，遣之河北。十月，帝持節渡孟津，鎮撫河北，安集百姓。帝至邯鄲，趙王庶兄胡子進狗牒馬醢，故趙繆王子臨說帝決水灌赤眉。胡子立卜者王郎爲天子（案胡子，太平御覽作趙繆王子林，攷范書光武紀[illegible]有趙繆王子林，李賢注云東觀記林作臨，未知胡子即臨否，今[illegible]仍其舊文），移檄購求帝十萬戶（案以上皆更始元年事）。王郎追帝，帝自薊東南馳（案范書帝紀徇薊在更始二年），至饒陽，官屬皆乏食，帝乃自稱邯鄲使者，入傳舍，傳吏方進食，從

者飢爭奪之傳吏疑其僞乃椎鼓數十通紿言邯鄲將軍至官屬皆失色帝升車欲馳而懼不免還坐曰請邯鄲將軍入久乃駕去夜止蕪蔞亭大風雨馮異進一笥麥飯兔肩聞王郎兵至復驚去至南宮天大雨帝引車入道旁空舍竈中有火馮異抱薪鄧禹吹火帝對竈炙衣大會真定帝自擊筑案此事范書不載但云帝得任光邳彤等兵降下曲陽北擊中山拔盧奴南擊新市真定防子皆下之則大會真定當即在是時帝率鄧禹等擊王郎橫野將軍劉奉大破之案劉奉范書鄧禹傳李賢注作劉發還過鄧禹營禹進食炙魚帝大餐啗時百姓以帝新破大敵欣喜聚

觀見帝餐啗勞勉吏士威嚴甚厲于是皆竊言曰劉公真天人也帝引兵攻邯鄲連戰郎兵挫折郎遣諫議大夫杜長威案范書帝紀作杜威持節詣軍門帝遣䟽戟迎延請入軍見上據地曰實成帝遺體子輿也帝曰正使成帝復生天下不可復得也況詐子輿乎長威請降得萬戶侯帝曰一戶不可得長威曰邯鄲雖鄙君臣并力城守尚可支一歲終不君臣相率而降但得全身也辭去而郎少傅李立反郎開城門漢軍破邯鄲誅郎入宮收文書得吏民謗毀帝言可擊者數千章帝會諸將燒之曰令

反側者自安也〔案：反側者，歐陽詢藝文類聚作反側子，與范書同。〕帝圍邯鄲未
下彭寵遺米糒魚鹽以給軍糧由是破邯鄲更始遣使
者卽立帝爲蕭王諸將議上尊號帝不許〔案：范書帝紀更始悉令罷兵詣行在所，帝辭以河北未平不就徵，自是始貳于更始。〕帝擊銅馬大破之受降適
畢封降賊渠率諸將未能信賊亦兩心帝敕降賊各歸
營勒兵待帝輕騎入案行賊營賊曰蕭王推赤心置人
腹中安得不投死由是皆自安詔馮異軍鴈門卒萬餘
人降之〔案：詔字下原本衍曰字，今刪。攷范書光武紀、馮異傳俱不載此詔，惟異拒朱鮪、李軼時，曾北攻天井關，拔上黨兩城，則軍鴈門當卽在是時。〕帝已乘王豐小馬先到矣而營

[illegible]門不覺〔案：此十五字上有闕文。據范書帝紀，建武元年春正月，帝擊尤來、大槍、五幡于順水北，乘勝輕進，反爲所敗。賊追急，短兵接，帝自投高岸，遇突騎王豐下馬授帝，耿弇頻射卻賊，得免。散兵歸保范陽，軍中不見帝，或云已沒，卽是時也。〕帝破賊入漁陽諸
將上尊號帝不許議曹掾張祉言俗以爲燕人愚方定
大事反與愚人相守非計也帝大笑帝發薊還〔案：是時破尤來、大槍、五幡賊還也。〕士衆喜樂師行鼓舞歌詠雷聲八荒震動至
范陽命諸將收葬吏士至中山諸將復請上尊號上奏
曰大王社稷爲計萬姓爲心耿純說帝曰天時人事已
可知矣初王莽時帝與伯叔及姊壻鄧晨穰人蔡少公

燕語少公道讖言劉秀當爲天子或曰是國師劉子駿也帝戲言曰何知非僕耶坐者皆大笑時傳聞不見赤伏符文軍中所案姚之駰本作傳聞赤伏符不見文章軍中所帝未信到鄗帝所與在長安同舍諸生彊華自長安奉赤伏符詣鄗與帝會羣臣復固請曰符瑞之應昭然著聞矣乃命有司設壇于鄗南千秋亭五成陌

建武元年夏六月己未即皇帝位燔燎告天禋于六宗改元爲建武改鄗爲高邑詔曰故密令卓茂束身自修執節惇固斷斷無他其心休休焉夫士誠能爲人所不能

爲則名冠天下當受天下重賞故武王誅紂封比干之墓表商容之閭今以茂爲太傅封宣德侯案宣范書卓茂傳作褒食邑二千户賜安車一乘衣一襲金五斤冬十月帝入雒陽幸南宮遂定都焉帝破聖公與朱鮪書曰交鋒之日神星晝見太白清明案范書帝紀未即位前使馮異寇恂破更始大司馬朱鮪軍即位後以使鄧禹破更始定國上公王匡軍此云交鋒未知何時又朱然太平御覽作伯叔本文似有訛脫

二年春正月益吳漢鄧禹等封自漢草創德運正朔服色未有所定高祖以十月爲正以漢水德立北時而祠黑帝至孝文賈誼公孫臣以爲秦水德漢當爲土德至孝

武兒寬司馬遷猶從土德自帝即位按圖讖推五運漢
爲火德周蒼漢赤木生火赤代蒼故帝都雒陽制兆于
城南七里北郊四里行夏之時時以平旦服色犧牲尚
黑明火德之運常服徽幟尚赤四時隨色季夏黃色議
者曰昔周公郊祀后稷以配天宗祀文王以配上帝圖
讖著伊堯赤帝之子俱與后稷竝受命而爲王漢劉祖
堯宜令郊祀帝堯以配天宗祀高祖以配上帝有司奏
議曰追跡先代無郊其五運之祖者故禹不郊白帝周
不郊帝嚳漢雖唐之苗堯以歷數命舜高祖赤龍火德

承運而起當以高祖配堯之後元復于漢宜以時修復
濟陽城陽縣堯帝之冢雲臺致敬祭祀之禮儀亦如之
帝遣游擊將軍鄧隆與幽州牧朱浮擊彭寵隆軍潞浮
軍雍奴相去百餘里遣吏上奏言寵破在旦暮帝讀檄
未竟怒曰兵必敗比汝歸可知吏還未至隆軍果爲寵
兵掩擊破浮軍遠[illegible]不敢救以兵走幽州咸曰上神
三年帝征秦豐幸舊宅案范書帝紀及岑彭傳春三月帝自將南征夏四月破斬鄧奉五月還宮令岑彭等南擊秦豐秋七月大破之于黎丘至冬十月乃幸春陵此牽連書之殊未明晰
帝幸春陵祠園廟大置酒與春陵父老故人爲樂以皇

幸舂陵祠園廟大置酒與舂陵父老故人為樂以皇
縱至冬十月乃幸舂陵此集書之孫未明聯
五日還宮令次遣幸西鬻秦豐述言月大破之十四
三年帝征秦豐幸舊宅帝自將南征夏四月破鄧奉
兵捕擊破浮軍遠[illegible]不敢救以兵走幽州殺曰上神
未竟怒曰兵必取凡亦歸可知矣還未至隆軍果為寵
軍雍奴相去百餘里遣吏上奏言寵破在旦暮帝讀檄
帝遣游擊將軍鄧隆與幽州牧朱浮擊彭寵隆軍潞浮
濟陽城陽縣堯帝之冢雲臺致敬祭祀之禮儀亦如之
承運而起當以高祖配堯之後以己復于漢宜以時修奉

東觀漢記　卷一　十

不郊帝嚳漢雖唐之苗堯以歷數命舜高祖赤龍火德
議曰追跡先代無郊其五運之祖者故禹不郊白帝周
堯宜令郊祀帝堯以配天宗祀高祖以配上帝有司奏
讖著伊堯赤帝之子俱與后稷並受命而為王漢劉祖
者曰昔周公郊祀后稷以配天宗祀文王以配上帝圖
黑明火德之運常服徽幟尚赤四時隨色季夏黃色議
城南七里北郊四里行夏之時時以平旦服色犧牲尚
為火德周蒼漢赤木生火赤代蒼故帝都雒陽制兆于
武兄實同處遷適從土德自帝即位按圖讖推五運漢

祖皇考墓爲昌陵後改爲章陵以春陵爲章陵縣案范書光武紀改春陵鄉爲章陵縣在建武六年此蓋通後事言之隗囂上書報以殊禮

四年夏五月帝幸盧奴爲征彭寵故也自王莽末天下旱霜連年百穀不成元年之初耕作者少民饑饉黃金一斤易粟一石至二年秋天下野穀旅生麻尗尤盛或生苽菜果實野蠶成繭被山民收爲絮採穫穀果以爲蓄積至是歲野穀生者稀少而南畝亦益闢矣

五年初起太學諸生吏子弟及民以義助作帝自齋歸案范書光武紀是時帝平張步歸也幸太學賜博士弟子有差

六年春二月吳漢下朐城案范書光武紀蓋帝平董憲龐萌也天下悉定惟獨公孫述隗囂未平帝曰取此兩子置度外乃休諸將置酒賞賜之每幸郡國下輿見吏輒問以數十百歲能吏次第下至掾史簡練臣下之行下無所隱其情道數十歲事若案文書吏民驚惶不知所以人自以見識家自以蒙恩遠臣受顏色之惠坐席之間以要其死力當此之時賊檄日以百數憂不可勝帝猶以餘閑講經藝發圖讖制告公孫述署曰公孫皇帝囂雖遣子入侍案范書光武紀隗囂遣子恂入侍在五年冬十二月尚持兩心囂故吏馬援謂囂曰

到朝廷凡數十見案本書馬援傳作凡十四見自事主未嘗見明主如此也材直驚人其勇非人之敵開心見誠與人語好醜無所隱諱圖講天下事極盡下思兵事方畧量敵校勝濶達……前世無比嚚曰如卿言勝高帝耶曰不如也高帝大度無可無不可今上好吏事動如節度不飲酒嚚大笑曰如卿言反復勝也案范書馬援傳嚚信援故遂遣長子恂入質此敘援言于嚚遣子入待之後與范書異

代郡太守劉興將數百騎攻賈覽上狀檄至帝知其必敗報書曰欲復進兵恐失其頭首也詔書到興已爲覽

東觀漢記　　卷

所殺長史得檄以爲國家坐知千里也

七年春正月詔羣臣奏事無得言聖人又舊制上書以青布囊素裏封書不中式不得上既上詣北軍待報前後相塵案相塵太平御覽作相屬連歲月乃決帝躬親萬幾急于下情乃令上書啓封則用不得刮璽書案刮璽書太平御覽作引經書取具文字而已奏詣闕平旦上其有當見及冤結者常以日出時驅騎馳出召入其餘罔中使者出報即罷去如神遠近不偏幽隱上達民莫敢不用情追念前世園陵至盛王侯外戚葬埋僭侈吏民相效寖以無限詔告天下

令薄葬

八年閏四月，車駕西征，河西大將軍竇融與五郡太守步騎二萬迎帝，隗囂士衆震壞，皆降，囂走入城案入城太平御覽作西城吳漢、岑彭追守之

九年春正月，隗囂餓，出城餐糗糒，腹脹死

十一年，章陵修園廟舊宅田里舍案李善文選注作過章陵祠園廟

十二年，吳漢引兵擊公孫述案范書帝紀吳漢伐公孫述出師實在十一年十二月下入揵爲界云云乃在次年正月方是十二年事此蓋通始事言之入揵爲界，小縣多城守未下，詔書告漢直擁兵到成都，據其心腹，後城營自解散。漢意難前，獨言朝廷以爲我縛賊手足矣案此二句未明晰疑有誤遣輕騎至成都，燒市橋案范書吳漢傳漢攻廣都拔之遣輕騎燒成都市橋故下詔書有堅守廣都之語此不載漢拔廣都當是脫佚武陽以東小城營皆奔走降，竟如詔書。漢兵乘勝追奔，述距守，詔書又戒漢曰：「成都十萬餘衆，不可輕也。且堅據廣都，城去之五十里，待其即營攻城，罷倦引去，乃首尾擊之，勿與爭鋒。」述兵不敢來，轉營即之，移徙輒自堅案此下范書吳漢傳有漢違詔而敗事此不載當是脫佚十一月，衆軍至城門，述自將背城而戰，吳漢鼓之，述軍大破，刺傷述，扶輿入壁，其夜死，夷述妻子，傳首于

洛陽縱兵大掠，舉火燔燒。帝聞之，下詔讓吴漢副將劉禹曰：「城降，嬰兒老母（案：嬰兒，李善文選注作孩兒。）口以萬數，一旦放兵縱火，聞之可爲酸鼻。家有敝帚，享之千金。禹宗室子孫，故嘗更職，何忍行此！仰視天，俯視地，觀于放麑啜羮，之義二者孰仁矣。失斬將弔民之義（案：與字，太平御覽作且。）」又議漢殺述親屬太多，是時名都王國有獻名馬（案：虞世南北堂書鈔作建武十三年，是時屠耆國獻名馬。）寶劍，直百金，馬以駕鼓車，劍以賜騎士。苑囿池籞之官廢，弋獵之事不御。雅性不喜聽音樂，手不持珠玉，衣服大絹而不重綵。征伐嘗乘革輿羸馬。

公孫述故哀帝時（案：此下未明晰。攷范書述傳云，哀帝時，述以父任爲郎。又云述少爲郎，習漢家制度，出入法駕，鑾旗旄騎，陳置陛戟，然後輦出房闥，正與此文相備。）郎，以數郡備天子。用述破益州，乃傳送瞽師、郊廟樂、葆車、乘輿物，是後乃稍備具焉。述伏誅之後，而事少閑，官曹文書減舊過半，下縣吏無百里之繇，民無出門之役。

十三年，封殷紹嘉公爲宋公，周承休公爲衛公。（案：范書帝武紀：建武二年，封周後姬常爲周承休公；五年，封殷後孔安爲殷紹嘉公，至是改封。）

十四年，封孔子後孔志爲褒成侯。

十五年，詔曰：「刺史太守多爲詐巧，不務實核，苟以度田爲名，聚

三月十七 權從就

人田中并度廬屋里落聚人遮道啼呼十案范書光武帝紀十五年詔下州郡檢核墾田頃畝及戶口年紀十六年河南尹及諸郡守十餘人坐度田不實皆下獄死又劉隆傳建武十五年詔下州郡檢覈其事而刺史太守多不平均或優饒豪右侵刻羸弱百姓嗟怨遮道號呼墜徵下獄此所載詔書即在十五年文未完有闕文

十七年帝以日食案范書光武帝紀日食在二月乙亥晦日避正殿讀圖讖

多御坐廡下淺露中風發疾苦眩甚左右有白大司馬史

病苦如此不能動搖自強從公出乘以車行數里病差

四月二日車駕宿偃師病差數日入南陽界到葉以車

騎省畱數日行黎陽兵馬千餘匹遂到章陵起居平愈

東觀漢記　卷一　十五

鳳凰五高八尺九寸毛羽五采集潁川羣鳥從之蓋地

數頃畱十七日乃去案范書光武帝紀鳳凰見在冬十月商賈重寶單車

露宿牛馬放牧道無拾遺

十九年帝下詔曰惟孝宣皇帝有功德其上尊號曰中

宗幸南陽汝南至南頓止令舍大置酒賜吏民復南頓

田租一歲吏民叩頭言皇考居此日久陛下識知寺舍

每來輒加厚恩但復一歲少薄願復十歲帝曰天下重

寶大器常恐不任日慎一日安敢自遠期十歲復增一

歲

二十年夏六月帝風眩黃癉病發甚以衛尉關內侯陰興爲侍中興受詔雲臺廣室甘露降四十五日（案太平御覽作四十日）

二十五年烏桓獻貂豹皮詣闕朝賀

二十六年春正月詔曰前以用度不足吏祿薄少今益其俸自三公下至佐使各有差四月始營陵地于臨平亭南詔曰無爲山陵陂池裁令流水而已迭輿之後亦無丘壟使合古法今日月已逝當豫自作臣子奉承不得有加乃令陶人作瓦器又曰臨平望平陰河水洋洋舟船泛泛善矣夫周公孔子猶不得存安得松喬與之而共遊乎文帝曉終始之義景帝所謂孝子也故遭反覆霸陵獨完非成法耶初作壽陵將作大匠竇融上言園陵廣袤無慮所用帝曰古帝王之葬皆陶人瓦器木車茅馬使後世之人不知其處太宗識終始之義景帝能遵孝道遭天下反覆而獨完其福豈不美哉今所制地不過二三頃無爲陵池（案初作壽陵以下至此見太平御覽與前段互有異同故並纂）

入帝常自細書一札十行報郡縣旦聽朝至日晏夜講經聽誦坐則功臣特進在側論時政畢道古行事次說

二月十七　得明周

在家所識鄉里能吏次第比類又道忠臣孝子義夫節
士坐者莫不激揚悽愴欣然和悅羣臣爭論上前嘗連
日皇太子嘗乘間言陛下有禹湯之明而失黄老養性
之道今天下大安少省思慮養精神帝答曰我自樂此
時城郭丘墟掃地更爲帝悔前徙之案范書光武紀建武十五年徙鴈門代郡上谷三郡民置常山居庸以東二十年省五原郡徙其吏人置河東二十五年南單于奉蕃稱臣二十六年遣中郎將段郴授南單于璽綬令入居雲中于是雲中五原朔方北地定襄鴈門上谷代八郡民歸于本土遣謁者分將弛刑補理城郭所謂掃地更爲者此也
草創苟合未有還人案此亦指雲中等八郡民歸本土者言蓋是年雖遣民歸本土而歸者甚少至二十七年趙憙上奏復緣邊諸郡幽并二州由是而定民始徙盡

三十年有司奏封禪詔曰災異連仍日月薄食百姓怨
嘆而欲有事于太山汚七十二代編錄以羊皮雜貂裘
何強顏耶
三十二年羣臣復奏宜封禪遂登太山勒石紀號改元
爲中元
中元元年案中元元年即建武三十二年也改范書光武紀實以夏四月己卯改元帝幸長
安祠長陵還雒陽宮是時醴泉出于京師郡國飲醴泉
者痼疾皆愈獨眇蹇者不瘥有赤草生于水涯郡國上

甘露降羣臣上言地祇靈應而朱草萌宜命太史撰具
郡國所上帝不聽是以史官鮮紀冬十月
甲申使司空馮魴告祠高祖廟曰高皇呂太后不
宜配食薄太后慈仁孝文皇帝賢明子孫賴福延至于
今宜配食地祇高廟今上薄太后尊號爲高皇后遷呂
太后于園四時上祭是歲初起明堂靈臺辟雍及北郊兆域
宣布圖讖于天下
二年春二月戊戌帝崩于南宮前殿在位三十三年時年
六十二遺詔曰朕無益百姓如孝文皇帝舊制葬務從

省約刺史二千石長皆無離城郭無遣吏及因郵奏太
子襲尊號爲皇帝羣臣奏議曰光武皇帝廟曰世祖三
月葬原陵
帝詔曰明設丹青之信廣開東手之路案此詔見文選李善文選注纂又
范書不載未知何時所下功臣鄧禹等二十八人皆爲侯封餘功臣
一百八十九人案范書光武紀建武十三年功臣增邑更封凡三百六十五人與此異帝
以天下既定思念欲完功臣爵土不令以吏職爲過故
皆以列侯就第恩遇甚厚遠方貢甘珍必先徧賜列侯
而大官無餘有功輒增封邑故皆保全帝封新野主子

三月十七　謝熙

鄧汎爲吳侯案范書鄧晨傳晨娶光武姊元漢兵敗小長安元遇害光武即位追封謚元爲新野
節義長公主封晨長子汎爲吳房侯李賢注云吳房今豫州縣也此作吳侯與范書異伯父皇皇
考姊子周均爲富波侯案范書封均事不載外祖樊重爲壽張侯
案范書樊宏傳建武十八年追爵謚重爲壽張敬侯重子丹射陽侯案范書樊宏傳丹以建武
十三年封孫茂平望侯案范書樊宏傳茂以建武二十七年封尋玄鄉侯案范書樊
宏傳尋以建武十三年封從子沖更父侯案范書樊宏傳沖作忠亦建武十三年封后父
陰睦爲宣恩侯案本書陰睦傳睦以建武二年追爵范書陰皇后紀稱建武九年始追爵與此
文異子識原鹿侯案范書陰識傳識以建武十五年封就信陽侯案范書陰興傳就嗣
父封宣恩侯後改封新陽侯此作信陽與范書異而范書吳良傳又稱就爲信陽侯未知孰是皇考女

弟子來歙爲征羌侯案范書來歙傳歙以建武十一年沒後追封弟由宜西
鄉侯案范書來歙傳由以建武十三年封寧平公主子李雄爲新市侯案范
書李通傳通娶光武女弟伯姬是爲寧平公主雄通少子也又范書稱雄封召陵侯而不詳初封之年后
父郭昌爲陽安侯案范書郭后紀昌以建武二十六年追贈子況緜曼侯案范
書郭后紀況作況縣曼作縣蠻以建武二年封兄子竟新郪侯匡發干侯案范書郭
后紀以竟匡爲后從兄弟皆于建武十七年后廢時封姨子馮邯爲鍾離侯案封邯事
范書不載帝嘗犯霜雪雖發師旁縣人馬席薦羈靽皆有成
賈而貴不侵民樂與官市漢以炎精布耀或幽而光帝
既有仁聖之明氣勢形體天然之姿固非人之敵翕然

[illegible]

龍舉雲興三雨而濟天下蕩蕩人無能名焉案姚之駰所輯是書[illegible]挂漏[illegible]且與劉昭續漢書志補注李賢後漢書注所引之文互有異同光武紀中或稱公或稱王或稱世祖前後參差今畫一更正兼攷虞世南北堂書鈔歐陽詢藝文類聚徐堅初學記諸書所載各條此略彼詳取其詳者詳略相等從其善者依年月編次[redacted]或年月無攷則彙綴于篇末如序贊之例

東觀漢記卷一

三月十七　羅凤岡

案 陰文

東觀漢記卷二

帝紀二

顯宗孝明皇帝

孝明皇帝諱陽，一名莊，世祖之中子也。建武四年夏五月甲申，帝生。豐下銳上，項赤色，有似于堯，世祖以赤色，名之曰陽。幼而聰明睿智，容貌莊麗，十歲通春秋，推誠對師傅無以易其辭。〔案〕太平御覽作十三年通春秋，上循其頭，曰：吳季子。陽對曰：愚戇無比。及阿乳母以問師傅，曰：徵識，對師傅無以易其辭。少母光烈皇后，初讓尊位為貴人，故帝年十二，以皇子立為東海公。時天下墾田皆

不實，詔下州郡檢覆，百姓嗟怨。州郡各遣使奏其事。世祖見陳留吏牘上有書曰：潁川、弘農可問，河南、南陽不可問。因詰吏，吏抵言于長壽街得之。世祖怒。時帝在幄後，曰：吏受郡敕，當欲以墾田相方耳。世祖曰：即如此，何故言河南、南陽不可問？對曰：河南帝城，多近臣；南陽帝鄉，多近親。田宅踰制，不可為準。世祖令虎賁詰問，乃首服，如帝言。遣謁者考實，具知姧狀。世祖異焉。數問以政議，應對敏達，謀謨甚深。溫恭好學，敬愛師傅，所以承事兄弟，親密九族，內外周洽。世祖愈珍帝德，以為宜承先

案 用陰文小字

小注 案陰文

后立陰貴人為皇后

帝進爵為王、十九年以東海王立為皇太子、治尚書、備
師法、兼通九經、略舉大義、博觀羣書、以助術學、無所不
照、中元二年春二月、世祖崩、皇太子即位、
永平元年、帝即阼、長思遠慕、至踰年正月、乃率諸王侯
公主外戚郡國計吏上陵、如會殿前禮、長水校尉樊儵
奏言、先帝大業、當以時施行、欲使諸儒共正經義、頗令
學者得以自助、于（是）下太常將軍大夫博士議郎郎官及
諸王諸儒會白虎觀、講議五經同異、封太后弟陰興之
子慶為鮦陽侯、慶弟博為濦強侯、案原本作陰興為鮦陽侯子傳濦強侯今據

東觀漢記　卷二　二

范書陰興傳校改 陰盛為無錫侯、楚王舅子許昌龍舒侯、
二年春正月辛未、宗祀光武皇帝于明堂、帝及公卿列
侯始服冕冠衣裳、祀畢、升靈臺、望雲物、大赦天下、詔曰、
登靈臺、正儀度、案文選東都賦李善注引是書永平二年詔文與此同攷范書帝紀是月大赦詔
有升靈臺望元氣吹時律觀物變云云至三年正月詔曰朕奉郊祀登靈臺見史官正儀度下文為春者歲之
始云云可證是書所載詔文由傳寫脫佚者甚多 三月、初臨辟雍、行大射禮、冬
十月初臨辟雍行大射禮冬十月、幸辟雍、初行養老禮、
詔曰、十月元日、始尊事三老、兄事五更、朕親袒割牲、案文
選東京賦李善注引是書此詔文與此同攷范書帝紀亦不止此四句 帝尤垂意于經學、刪

定擬議、稽合圖讖、封師太常桓榮為關內侯、親自制作五經章句、每饗射禮畢、正坐自講、諸儒並聽、四方欣欣、是時學者尤盛、冠帶搢紳遊辟雍而觀化者以億萬計、甲子西巡、幸長安、祠高廟、遂有事于十一陵、歷覽館舍邑居舊處、會郡縣吏、勞賜作樂、有縣三老大言、陛下入東都、臣望顏色、儀容類似先帝、臣一懽喜、百官嚴設如舊時、臣二懽喜、見吏賞賜、識先帝時事、臣三懽喜、陛下聽用直諫、默然受之、臣四懽喜、陛下至明、懲乂酷吏、視人如赤子、臣五懽喜、進賢用能、各得其所、臣六懽喜、天

下太平、德合于堯、臣七懽喜、帝令上殿、欲觀上衣、因舉虎頭衣以畀三老、帝曰、屬者所言、削章不如飽飯、十一月、詔京兆右扶風、以中牢祀蕭何霍光、出郡錢穀給蕭何子孫、在三里內者、悉令侍祀、

三年春二月、圖二十八將于雲臺、冊曰、剖符封侯、或以德顯、秋八月、詔曰、尚書璇璣鈐曰、有帝漢出、德洽作樂名予、其改郊廟樂曰大予樂、樂官曰大予樂官、以應圖讖、冬十月、帝與皇太后幸南陽、祠章陵、周觀舊廬、名見陰鄧故人、常在于道所幸見吏勞賜、省事畢、步行觀部署、不用輦車、甲夜讀衆書、乙更盡乃寐、先五鼓起、率常如此、

四年春二月，詔曰：朕親耕于藉田，以祈農事。

五年冬十月，幸鄴，趙王栩會鄴，常山賜錢百萬。

六年，廬江太守獻寶鼎，出王雒山，納于太廟。詔曰：易鼎足象三公，豈非公卿奉職得理乎？太常其以礿祭之日，陳鼎于廟，以備器用。

八年冬十月，上臨辟雍，養三老五更。禮畢，上手書詔令尚書僕射持節詔三公。

九年，詔為四姓小侯置學。

十年夏閏四月，行幸南陽，祠章陵，以日北至，復祠于舊

宅。禮畢，召校官子弟作雅樂，奏鹿鳴，上自御塤篪和之，以娛嘉賓。至南頓，勞養三老官屬。是時天下安平，人無徭役，歲比登稔，百姓殷富，粟斛錢三十，牛羊被野。

十二年，以益州徼外哀牢王率眾慕化，地曠遠，置永昌郡。

十三年春二月，帝耕藉田。禮畢，賜觀者食。有諸生前舉手曰：善哉！文王之遇太公也。帝書版曰：生非太公，予亦非文王也。

十四年，帝作壽陵，制令流水而已。陵東北作廡，長三丈

五步、外為小廚財足祠祀帝自置石椁廣丈二尺長二丈五尺、

十五年春二月、東巡狩、癸亥、帝耕于下邳、三月、幸孔子宅、祠孔子及七十二弟子、親御講堂、命太子諸王説經、幸東平王宮、帝憐廣陵侯兄弟、賜以服御之物、又以皇子輿馬悉賦予之、

十七年春、甘露仍降、樹枝内附、芝生前殿、神雀五色翔集京師、正月、當謁原陵、是夜帝夢見先帝太后如平生歡、夢中喜覺、因悲不能寐、明旦、帝令百官採甘露、悉會

公卿表賀奉觴上壽、太常丞上言、陵樹華(葉)有甘露、帝率百官上陵、甘露積于樹、取以薦、受賜畢、上從席前伏御牀、視太后鏡奩中物、流涕、敕易奩中脂澤妝具、左右皆泣、莫敢(能)仰視、

十八年秋八月、帝崩于東宮前殿、在(位)十八年、時年四十八、謚曰孝明皇帝、葬顯節陵、十二月、有司奏上尊號曰顯宗、廟與世宗廟同、而祠祫祭于世祖之堂、共進武德之舞、如孝文皇帝祫祭高廟故事、自帝(卽)位、遵奉建武之政、有加而無損、初世祖閔傷前世權臣太盛、外戚預政、

上濁明主下危臣子漢家中興惟宣帝取法至于建武朝無權臣外戚陰郭之家不過九卿親屬勢位不能及許史王氏之半至永平后妃外家貴者裁家一人備列將校尉在兵馬官充奉宿衛闔門而已無封侯預朝政者自皇子之封皆減舊制嘗案輿地圖皇后在傍言鉅鹿樂成廣平各數縣租穀百萬帝令滿二千萬止諸小王皆當略與楚淮陽相比什減三四曰我子不當與先帝子等又國遠而小于王善節約謙儉如此

肅宗孝章皇帝

孝章皇帝諱炟孝明皇帝第五子也永平三年年四歲以皇子立為太子幼而聰達才敏多識世事動容進止聖表有異壯而仁明謙恕溫慈惠和寬裕廣博親愛九族矜嚴方厲威而不猛既志于學始治尚書遂兼五經周覽古今無所不觀由是明帝重之每事諮焉以至孝稱孜孜膝下永平十八年明帝崩帝即位

建初二年詔齊相止勿送冰紈方空縠吹綸絮

四年冬十一月詔諸王諸儒會白虎觀講五經同異

元和元年日南獻白雉白犀帝行幸敕御史司空道路

所過歷樹木、方春日、無得有所伐、輅車可引避也、

二年春二月、帝東巡狩、泰山、至于岱宗、柴望秩山川、羣神畢、白鶴三十從西南來、經祀壇上、孔子後褒成侯等、咸來助祭、大赦天下、祀五帝于汶上明堂、耕于定陶、幸魯、祠東海恭王、及孔子、七十二弟子、禮畢、命儒者論難、還幸東平王宮、涕泣沾襟、五月、詔曰、乃者白烏、神雀、屢臻、降自京師、案文選李善注引是書詔文與此同攷范書帝紀作五月戊申詔曰乃者鳳凰黃龍鸞鳥比集七部或一郡再見及白烏神雀甘露屢臻祖宗舊事或班恩施其賜天下吏爵人三級云云則是書所載詔文亦不止此二句而傳寫脫失是年、鳳皇見肥城窳亭槐樹上、三足烏集沛國、白鹿白兔九尾狐見、

三年、代郡高柳烏子生三足、大如雞、色赤、頭上有角、長寸餘、美陽得銅酒樽、朱色、青黃有古文、

帝賜尚書劍各一、手署姓名、韓稜楚龍泉、郅壽蜀漢文、陳寵濟南鍛成、一室納兩刃、其餘皆平刃、其時論者以為稜淵深有謀、故得龍泉、壽明達有文章、故得漢文劍、寵敦樸、有善于內、不見于外、故得鍛成劍、皆因名而表意、案此條見范書韓稜傳其頒賜年月無攷

明德太后姊子夏壽等、私呼虎賁張鳴與敖戲爭鬬、帝

特詔曰、爾虎賁將軍蒙國厚恩、位在中臣、宿衞禁門、當進人不避仇讎、舉罰不避親戚、今者反于殿中交通輕薄虎賁蘭内所使至欲相殺于殿下、避門内畏懦恣縱姑不遂捕、此皆生于不學之門所致也、案范書不載此事故下詔之年月無攷

元和二年以來、至章和元年、凡三年、鳳凰三十九見郡國、

章帝時鳳凰見百三十九、麒麟五十二、白虎二十九、黄龍三十四、青龍、黄鵠、鸞鳥、神馬、神雀、九尾狐、三足烏、赤烏、白兔、白鹿、白燕、白鵲、甘露、嘉瓜、秬秠、明珠、芝英、華苹、朱草、連理實、日月不絶、載于史官、不可勝紀、案此條與上一條俱似彚志符瑞之文[redacted]今附綴紀後

序曰、書云孝乎惟孝、友于兄弟、聖之至要也、乾乾夕惕、寅畏皇天、帝王之上行也、明德慎罰、湯文所務也、密靜天下、容于小大、高宗之極至也、肅宗兼兹四德、以繼祖考、臣下百僚、力誦聖德、紀述明詔、不能辨章、豈敢空言增廣、以累日月之光、

穆宗孝和皇帝

孝和皇帝諱肇，章帝之中子也。母曰梁貴人，早薨，帝自岐嶷，至于總角，孝順聰明，寬和仁孝。章帝由是深珍之，以為宜承天位。年四歲，以皇子立為太子。初治尚書，遂兼覽書傳，好古樂道，無所不照。章和二年春二月，章帝崩，太子即位。

永元元年，詔有司京師離宮園池，悉以假貧人。

二年春二月壬午，日食。時史官不覺，涿郡言之。單于乞降，賜玉具劍，羽蓋車一駟，中郎將持節衛護焉。

三年，詔曰：高祖功臣，蕭曹為首，有傳世不絕之誼。曹相

東觀漢記　卷二　九

國後容城侯無嗣，朕甚愍焉。望長陵東門，見二臣之墓，生既有節，終不遠身，誼臣受寵，古今所同。案范書帝紀作見二臣之壠

獲

感焉忠義此文稍異遣使者以中牢祠大鴻臚

悉

者，須景風紹封以彰厥功。

四

軍竇憲潛圖弒逆，庚申

捕

收憲大將軍印綬，

景

五年春正月，宗祀五帝于明堂，遂登靈臺，望雲物，大赦天下。自京師離宮果園上林廣成囿，悉以假貧人，恣得

朝字以下另行頂格

捕不收其稅、六月、郡國大雨雹、大如鴈子、
六年秋七月、京師旱、幸洛陽寺、録囚徒、舉冤獄、未還宮而
澍雨、
九年冬十月、改殯梁皇后于承光宮、儀比敬園、初后葬
有闕、竇后崩後、乃議改葬、
十年夏五月、京師大雨、南山水流出至東郊、壞民廬舍、
十一年、帝名諸儒魯丕與侍中賈逵尚書令黃香等相
難、丕善對事、罷朝、特賜履襪、
十二年、象林蠻夷攻燔官寺、秭歸山高四百餘丈崩、填

谿水壓殺百餘人、冬十一月、癸酉夜、白氣長三丈、起國
東北、指軍市、是月、西域蒙奇疏勒二國歸義、
十三年春正月、上日、帝以五經義異、書傳意殊、親幸東
觀、覽書林、閱篇籍、
元興元年夏五月、右扶風雍地裂、冬十二月、帝崩于章
德前殿、在位十七年、時年二十七、葬順陵、廟曰穆宗。朝
無寵族、政如砥矢、恩澤沾濡、鴻恩茂悅、外憂庶績、內勤
經藝、自左右近臣、皆誦詩書、德教在寬、仁恕並洽、是以
黎元寧康、萬國協和、符瑞八十餘品、帝讓而不宣、故靡

得而紀

孝殤皇帝

孝殤皇帝諱隆，和帝之少子也。和帝皇子數十，生者輒夭，故殤帝養于民。元興元年冬十二月，和帝崩，是日倉卒，帝生百餘日，乃立，以為皇太子，其夜即位，尊皇后鄧氏為皇太后。帝在襁褓，太后臨朝，詔省莋弱平簟。延光元年八月，帝崩于崇德前殿，年二歲，葬康陵。

孝殤襁褓承統，寢疾不豫，天命早崩，國祚中絕，社稷無主，天下敖然，賴皇太后。孔子稱有婦人焉，信哉。案：此乃帝紀之序

東觀漢記卷三

本紀三

恭宗　孝安皇帝

孝安皇帝諱祐、清河孝王第二子也、少聰明敏達、慈仁惠和寬仁博愛、好樂施予、自在邸第、數有神光赤蛇嘉應、照曜于室內、又有赤蛇盤紆殿屋牀第之間、孝王常異之、年十歲、善史書、喜經籍、和帝甚喜重焉、號曰諸生、數燕見省中、特加賞賜、下及玩弄之物、諸王子莫得與比、殤帝即位、鄧后臨朝、以帝幼小、詔留于清河邸、欲為

儲副、殤帝崩、以王青蓋車迎、齋于殿中、拜為長安侯、乃即帝位、謙讓恪勲、孜孜經學、篤志供養、委政長樂宮、

永初元年、徼外羌龍橋等六種、慕義降附、永昌獻象牙熊子新城山泉水大出、突壞人田、水深三丈、冬十一月、帝始講尚書、躭于典藝、

二年春正月、帝加元服、夏六月、雨雹、大如芋魁雞子、風拔樹發屋、秋閏七月、徼外羌薄申等八種舉衆降、

三年、鴈門烏桓及鮮卑叛、五原郡兵敗于高梁谷、

四年、新野君薨、贈以玄玉赤紱、賻錢三千萬、布三萬匹、

業字擬隱文

業 新野君和熹鄧太后之母也

五年、漢陽人杜琦反、自稱安漢將軍、漢陽故吏杜習手刺殺之、

六年春正月甲寅、皇太后率大臣命婦謁宗廟、

七年、郡國蝗飛過、調濱水縣彭城廣陽廬江九江穀九十萬斛、送敖倉、

元初元年、日南地坼、長一百八十二里、廣五十六里、

二年、青衣蠻夷堂律等歸義、安定太守杜恢與司馬鈞并威擊羌、恢乘勝深入、至北地靈州丁奚城、爲羌所害、鈞擁兵不救、收下獄、蠻田山高少等攻城、殺長吏、州郡募五里蠻夷六亭兵追擊、山等皆降、賜五里六亭渠率金帛各有差、

四年、武庫火、燒兵物百二十五種、直千萬以上、虔人種羌大豪恬狼等詣度遼將軍降、

延光二年、九真言嘉禾生、禾百五十六本、七百六十八穗、

三年、鳳凰集濟南臺丞霍穆舍樹上、賜帛各有差、衞縣木連理、定陵縣木連理、潁川上言麒麟白鹿見、黃龍見

二百五六孝

歷城又見諸縣

四年春三月、幸宛還、帝崩于葉、帝聖德炳著在位十九年、時年三十二、御車所止飲食百官鼓漏起居車騎鹵簿如故、及還宮、皇后與兄顯、中常侍江京樊豐等共為詐、不容令羣臣知帝道崩、欲偽道得病、遣司徒等分詣郊廟社稷、告天請命、誣罔靈祇、以亡為存、且夕發喪、羣僚百姓、如喪考妣、塞外蠻夷、致祭漢、流涕恭陵、

敬宗孝順皇帝

孝順皇帝諱保、孝安皇帝長子也、母早薨、追諡恭愍皇后、帝幼有簡厚之質、體有敦愨之性、寬仁溫惠、始入小學、誦孝經章句、和熹皇后甚嘉之、以為宜奉大統、年六歲、永寧元年、為皇太子、受業尚書兼資敏達、初乳母王男廚監邴吉為大長秋、江京中常侍樊豐等所譖愬殺之、太子數為歎息、京等懼有後害、遂共搆陷太子、太子坐廢為濟陰王、（此延光三年事）明年三月、安帝崩北鄉侯即尊位、王廢黜、不得上殿臨棺而悲哀泣血、不下餐粥、北鄉侯薨、車騎將軍閻顯等議、前不用濟陰王、今用悲人白閻太后、復徵立諸王子、閉宮門屯兵自守、中黃門孫

程等十九人、共討賊臣江京等、以迎濟陰王子德陽殿西鍾下即皇帝位。司空劉授以阿附惡逆、辟召非其人、策免。

永建元年、太傅馮石、太尉劉熹以阿黨權貴、李郃以人多疾疫免、

三年、太傅桓焉以無清介辟召、策罷、

四年、漢陽率善都尉蒲密因桂陽太守文礱獻大明珠。詔曰：海內頗有災異、而礱不惟竭忠、而遠獻明珠以求媚、令封珠還蒲密、太尉劉光、司空張晧以陰陽不和、久

託病、策罷、司徒許敬為陵轢使官、策罷、以千石祿終身、

六年、葉調國王遣使師會詣闕貢獻、以師會為漢歸義葉調邑君、賜其君紫綬、及撣國王雍由亦賜金印紫綬、

陽嘉元年、望都蒲陰狼殺子女九十七人、為不祠北嶽所致、詔曰：政失厥中、狼災為應、至乃踐食孤幼、博訪其故、山嶽尊靈、國所望秩、而比不奉祠、淫刑放濫、害加孕婦也、

二年、汝南童子謝廉、河南童子趙建、年十三、（案太平御覽作年十）各通一經、以太學初繕、名而至（案名字太平御覽作應化）、皆除郎

要字擬陸文

中、疏勒國王盤遣使文時詣闕獻師子封牛、

四年、太尉施延、以選舉貪汙、策罷。零陵言日食京師不覺。詔曰、朕以不德、譴見于天、

永和六年冬十二月、詔故將軍馬賢、前代西羌、克敵深入、父子三人同命、其以漢中南鄭之武陽亭封賢孫承先為武陽亭侯、食租稅、

漢安元年、以遠近獻馬衆多、園廐充滿、始置承華廐令、秩六百石、其九十家不自存、詔賜錢廩穀、（案此十二字見劉昭五行志注、上有闕文、據志漢安元年三月雒陽劉漢等百九十七家為火所燒、蓋一事也）秋八月、遣侍中杜喬、光祿大夫周舉等八人、分行州郡、頒宣風化、舉實

臧否、

二年、詔禁民無得酤賣酒麴、

建康元年秋八月、帝崩于玉堂前殿、在位十九年、時年三十、遺詔無起寢廟、衣以故服、珠玉玩好、皆不得下、務為節約、葬憲陵、有司奏言、孝順皇帝宏秉聖哲、龍興統業、稽乾則古、欽奉鴻烈、寬裕晏晏、宣恩以極、躬自菲薄、以崇玄默、遺詔貽約、顧念萬國、衣無製新、玩好不飾、塋陵損狹、不起寢廟、遵履前制、敬敕慎終、有始有卒、孝經曰、

三頁六行

愛敬盡于事親、而德教加于百姓、詩云、敬慎威儀、惟民之則、臣請上尊號曰敬宗廟、天子世世獻奉、藏主袷祭進武德之舞、如祖宗故事、露布奏可、

孝沖皇帝

孝沖皇帝諱炳、順帝之少子也、年三歲、是時皇太子數不幸、國副未定、有司上言宜建聖嗣、建康元年夏四月、立為太子、順帝崩、太子即帝位、尊皇后梁氏為皇太后、帝幼弱、太后臨朝、

永嘉元年春正月、帝崩于玉堂前殿、在位一年、葬懷陵、

孝質皇帝

孝質皇帝諱纘、章帝玄孫、千乘貞王之曾孫、樂安王孫、渤海王子也、年八歲、茂質純淑、好學尊師、有聞于郡國、孝沖帝崩、徵封建平侯、即皇帝位、九江賊馬勉敗死、傳勉頭及所帶玉印鹿皮冠黃衣詣雒陽、詔懸夏城門外、章示百姓、

本初元年夏閏六月、帝崩于玉堂前殿、在位一年、時方九歲、葬靜陵、

威宗孝桓皇帝

孝桓皇帝諱志、章帝曾孫、河間孝王孫、蠡吾侯翼之長子也、母曰匽夫人、年十四、襲爵、始入有殊于人、梁太后欲以女弟妃之、本初元年四月、徵詣雒陽、既至、未及成禮、會質帝崩、無嗣、太后密使瞻察、威儀才明、任奉宗廟、遂與兄冀定策于禁中、迎帝即位、時年十五、太后猶臨朝、御卻非殿、改元建和、

建和元年、芝生中黃藏府、

永興二年、光祿勳府吏舍夜壁下忽有氣、掘之、得玉玦、各有鉤、長七寸三分、玦周五寸四分、身中皆有雕鏤、詔

司隸蝗水為災、五穀不登、令所傷郡國皆種蕪菁、以助民食、

延熹元年、初置鴻德苑、

二年、大將軍梁冀輔政、縱橫為亂、帝與中常侍單超等五人共謀誅之、于是封超等為五侯、暴恣日甚、毒流天下、司徒韓縯、司空孫朗並坐不衛宮、止長壽亭、減罪一等、以爵贖之、初置秘書監、掌典圖書、古今文字、合異同、

三年、白馬令李雲坐直諫誅、

四年、京師雨雹、大如雞子、

案字擬陰文

案字擬陰文

五年、長沙賊攻没蒼梧、取銅虎符、太守甘定、刺史侯輔、各奔入城、賊乘刺史車、屯據臨湘、居太守舍、賊萬人以上、屯益陽、殺長吏、以京師水旱疫病、帑藏空虛、虎賁羽林不任事者住寺、減半奉。

七年冬十月、上幸雲夢、至新野、公主、壽張敬侯廟、詔曰、存善繼絶、實藉德貞、武騎都尉樊演、高祖父重、以光武皇帝元舅、扶助中興、追封壽張侯、謚曰敬、祖父茂、封冠軍平望鄉侯、五國並建、其二絶者祠之、案新野公主光武姊元也嫁鄧晨詔中不及祠之之意當有闕文

八年、妖賊蓋登稱大皇帝、有璧二十、珪五、鐵券十一、後伏誅。

九年、戴異鉏田、得金印、到廣陵以與龍尚、名臣少府李膺等並爲閹人所譖、下獄死、案膺等之死在靈帝建寧二年是時但以鈎黨下獄此蓋通後事言之

永康元年、西河言白兔見、帝好音樂、善琴笙、立黄老祠北宮濯龍中、以文罽爲壇、飾淳金銀器、彩色眩耀、祠用三牲、大官飾珍饌、作倡樂、以求福祥也、在位二十一年崩、年三十六。

案字擬陰文

孝靈皇帝

建寧元年、帝到夏門外萬壽亭、羣臣謁見、案此由解瀆亭侯迎入繼統初到、致范書[illegible]帝紀、在是年正月己亥、次日庚子即位、改元建寧、

二年、故太僕杜密、故長樂少府李膺、各為鉤黨、尚書白下本州考治、時上年十三、問諸常侍曰、何鉤黨、諸常侍對曰、鉤黨人即黨人也、即可其奏、

熹平元年、會稽許昭聚衆自稱大將軍、立父生為越王、攻破郡縣、

二年、陳行相師遷奏沛相魏愔前為陳相與陳王寵交通、

四年、使中郎將堂谿典請雨、因上言復崇高山為嵩高山、

光和元年、有白衣人入德陽殿門、言梁伯夏教我上殿與中黄門桓賢語、因忽不見、有黑氣墮所御温明殿庭中、如車蓋隆起奮迅、五色有頭體長十餘丈、形貌似龍、

四年、初置騄驥廐丞、領受郡國調馬、郡國上芝英、

五年、帝起四百尺觀于阿亭道、

中平二年、造萬金堂于西園、

三年、又造南宮玉堂、築廣成苑、鑄黃鍾二千斛、懸于嘉

德端門内、

東觀漢記卷三

錢濟世

三月[illegible] [illegible]

三案字俱擬陰文

八案字俱擬陰文

東觀漢記卷四

年表案本書年表體例全祖班書劉知幾史通所列篇目可據今惟百官表略存[illegible][illegible]餘四篇並闕

百官表

太尉掌邦案此下有闕文[illegible]冊皇太子、捧上其璽綬、

司空、唐虞之官也、金印紫綬、

竇憲作大將軍、置長史司馬員吏官屬、位次太傅、案司馬彪百官志長史司馬皆一人千石大將軍出征、置中護軍一人、其將軍不常置、案司馬彪百官志將軍掌征伐背叛事訖罷安帝以後大將軍始常設比公者又有驃騎將軍、案司馬彪百官志注比公者四第一大將軍次驃騎將軍次車騎將軍次衛將軍建

武二十年、復置驃騎將軍、位次公、案司馬彪百官志明帝以東平王蒼爲驃騎將軍以王故位在公上有長史一人、案將軍長史皆千石度遼將軍司馬二人、案司馬彪百官志明帝初置度遼將軍劉昭注引應劭漢官儀曰度遼將軍秩二千石長史司馬六百石

章帝又置祝令丞、延光元年省、案此太常官屬

大鴻臚、漢舊官、建武元年復置、案司馬彪百官志大鴻臚卿一人中二千石屬官有丞一人、案司馬彪百官志丞一人比千石大行丞一人、案司馬彪百官志大行令一人六百石丞一人大行丞有治禮員四十七人、案治禮員司馬彪作治禮郎主齋祠儐贊九賓之禮、又有公室主稠中都官斗食以下、功次相補、鴻臚三十六人、其陳寵、左雄、朱寵、龐

三案字係擺陰文

參施延並遷公、

其主甍無子、置傅一人守其家、[案]司馬彪百官志、諸公主、每主家令一人、六百石、丞一人、三百石、此宗正官屬、

桓帝延熹元年三月己酉、置鴻德苑、置令秩六百石、[案]此少府官屬、

州牧刺史、漢舊官、建武元年復置牧、十八年改為刺史、

督二千石、交趾刺史持節、[案]司馬彪百官志、外十有二州、每州刺史一人、六百石、彪自注曰、刺史常以八月行所部郡國、錄囚徒、考殿最、攷諸州刺史皆不持節、而交趾獨持節、以所部絕遠、故重其事權也、以上州部官、

其紹封削絀者、中尉內史官屬亦以率減、[案]司馬彪百官志、皇子封王、其郡為國、每國置傅一人、相一人、皆二千石、中尉一人、比二千石、其下又有郎中令之屬、以上諸王國官屬、

印綬、漢制、公侯紫綬、九卿青綬、建武元年、復設諸侯王金璽綟綬、公侯金印紫綬、九卿執金吾河南尹秩皆中二千石、大長秋、將作大匠、度遼諸將軍、郡太守、國傅相、皆秩二千石、校尉、中郎將、諸郡都尉、諸國行相、中尉、內史中護軍、司直、[案]司馬彪百官志注、世祖即位、以武帝故事、置司直、居丞相府、助督錄諸州、建武十八年省、秩皆比二千石、以上皆銀印青綬、中外官、尚書令、御史中丞、治書侍御史、[案]司馬彪百官志、治書侍御史六百石、與此異、公將

三案字係擺陰文

二月重野

五案字俱擬陪文

二案字俱擬陪文

軍長史中二千石、丞案司馬彪百官志、凡中二千石丞比千石、與此異、正平、諸
司馬、中官、王家僕、雒陽令、秩皆千石、尚書、中謁者、案司馬彪
百官志、大長秋之屬、有中官謁者令一人、六百石、謁者三人、四百石、此文疑有脫字、黃門冗從四
僕射、人、案司馬彪百官志、少府屬有中黃門冗從僕射一又有尚書僕射一人、大長秋屬、又有中宮黃門
冗從僕射一人、秩皆六百石、諸都監中外諸都官令都候、案司馬彪百官志、衛
尉屬左右都候各一人、六百石、司農部丞、郡國長史、丞、案司馬彪百官志、每郡丞一人、
郡當邊戍者、丞為長史、候司馬千人、秩皆六百石、家令侍僕、秩皆
六百石、雒陽市長、秩四百石、主家長、秩皆四百石、以上
皆銅印黑綬、諸署長楫櫂丞、秩三百石、諸秩千石者、其

東觀漢記　卷四　三

丞尉皆秩四百石、秩六百石者、丞尉秩三百石、四百石
者、其丞尉秩二百石、縣國丞尉亦如之、縣國三百石長
丞尉亦二百石、明堂靈臺丞、諸陵校長、秩二百石、丞尉
校長以上、皆銅印黃綬、縣國守宮令相、或千石或六百
石、長相或四百石、或三百石、長相皆以銅印黃綬而有秩
者、案司馬彪百官志、每縣邑道大者、置令一人、千石、其次置長、四百石、小者置長、三百石、侯國之相、秩次亦
如之、侍中、中常侍、光祿大夫、秩皆二千石、案司馬彪百官志、侍中光祿大
夫皆比二千石、中常侍本千石、後增比二千石、與此異、大中大夫、秩皆比二千石、
諫議大夫、侍御史、博士、皆六百石、議郎、中謁者、秩皆

二月五 照

三案字俱擬陰文

六百石、〔案〕司馬彪百官志、議郎六百石、中謁者稱秩六百石、此復謂爲比六百石、尤首相庚

與此異

前已見

小黄門、黄門侍郎、中黄門秩皆比四百石、〔案〕司馬彪百官志、小黄門黄門侍郎皆六百石、中黄門比百石、後增比三百石、郎中、秩皆比三百石、太子舍人秩二百石、〔案〕劉知幾史通、謂此表爲崔寔曹壽延篤所作、今與司馬彪百官志參攷、文多不同、如志云諸侯王赤綬、而此云綟綬、又如王國內史上林楫櫂丞、係西漢官名、東漢都從裁省、丞相司直、亦于建武十八年省去、而篇中具列之、蓋司馬彪之志、本之胡廣所注王隆漢官篇、多順帝以後所更改、而此表則述建武永平間舊制也、

諸王表

王子侯表

功臣表

恩澤侯表〔案〕以上四篇全闕、今存其目

東觀漢記卷四

案陰文

錢濟世

案字俱擺陰文

東觀漢記卷五

志

〔案〕本書八志以劉知幾史通及范書李賢注所引蔡邕集為據今惟地理等六篇略存餘二篇並闕

地理志

蕭何墓在長陵東司馬門道北百步、〔案〕長陵屬京兆尹、霍光墓在茂陵東司馬門道南四里、〔案〕茂陵屬右扶風、以上司隸校尉所屬、

蛇丘有芳陘山〔案〕蛇丘縣屬濟北國、

東緡縣名、屬山陽郡、〔案〕以上兗州刺史部所屬、

西海有勝山、〔案〕西海縣屬瑯琊國、以上徐州刺史部所屬、

秦時改為太末、〔案〕太末縣屬會稽郡、此句之上、當有闕文、改司馬彪郡國志劉昭注、太末左傳謂姑蔑、有龍丘山、在東、有九石特秀、色丹、遠望如蓮華、萇之隱處、有一巖穴、如窗牖、中有石牀、可寢處、〔案〕司馬彪郡國志劉昭注、引東陽記一條、文與此同、又云巖前有一桃樹、其實甚甘、非山中自有、莫知誰植、

建安二十年、復置漢寧郡、分漢中之安陽西城、〔案〕司馬彪郡國志劉昭注[illegible]西城下[illegible]曰巴漢志云云、漢末以為西城郡、不言屬漢寧、又分錫上庸為上庸郡、置都尉、〔案〕以上益州刺史部所屬、

安帝即位之年、分高顯候城遼陽屬玄菟、〔案〕司馬彪郡國志、高顯等三縣、本屬遼東郡、以上幽州刺史部所屬、

九真俗燒草種田、〔案〕司馬彪郡國志九真郡統縣五、曰西卷、朱吾、盧容、象林、比景、以上交趾

錢濟世

案字擬陰文

刺史部所屬

永興元年，鄉三千六百八十一，亭萬二千四百四十三。

律曆志

凡律所革，以變律呂，相生至六十。

禮志

漢承秦滅學，庶事草創，明堂辟雍闕而未舉，武帝封禪，始立明堂于泰山，〔案歐陽詢藝文類聚，作孝武封岱宗，立明堂于泰山汶上。〕猶不于京師。元始中，王莽輔政，乃起明堂辟雍。

樂志

漢樂四品，一曰大予樂，典郊廟上陵殿諸食舉之樂。郊樂，易所謂先王以作樂崇德，殷薦上帝。周官若樂六變，則天神皆降，可得而禮也。宗廟樂，虞書所謂琴瑟以詠，祖考來假，詩云肅雍和鳴，先祖是聽。食舉樂，王制謂天子食舉以樂，周官王大食則命奏鐘鼓。二曰周頌雅樂，典辟雍饗射六宗社稷之樂。辟雍饗射，孝經所謂移風易俗，莫善于樂。禮記曰，揖讓而治天下者，禮樂之謂也。社稷，所謂琴瑟擊鼓，以御田祖者也。禮記曰，夫樂施于金石，越于聲音，用乎宗廟社稷，繫乎山川鬼神，此之謂也。三曰黃門鼓吹，天子所以宴樂羣臣，詩所謂坎坎鼓

案字俱擬陰文

我蹲蹲舞我者也。其短簫鐃歌軍樂也。其傳曰：黃帝岐伯所作，以建威揚德風勸士也。蓋周官所謂王大獻則令凱樂，軍大獻則令凱歌也。孝章皇帝親著歌詩四章，列在食舉。又制雲臺十二門詩，各以其月祀而奏之。熹平四年正月中，出雲臺十二門新詩，下大予樂官習誦。彼聲與舊詩並行者，皆當撰録，以成樂志。國家離亂，大厦未安，黃門舊有鼓吹，今宜罷去。

郊祀志

建武三十年，太尉趙憙上言曰：自古帝王每世之隆，未

嘗不封禪。陛下聖德洋溢，順天行誅，撥亂中興，作民父母，修復宗廟，救萬姓命，黎庶賴福，海內清平，功成治定，羣司禮官咸以為宜登封告成，為民報德，百王所同，當仁不讓，宜登封岱宗，正三雍之禮，以明靈契，望秩羣神，以承天心。【案】司馬彪祭祀志載光武詔書云：即位三十年，百姓怨氣滿腹，吾誰欺，欺天乎？曾謂泰山不如林放，何事汙七十二代之編録。桓公欲封，管仲非之。若郡縣遠遣吏上壽，盛稱虛美，必髡，兼令屯田。從此羣臣不敢復言。

三十二年，【案】是年改元中元元年。羣臣奏言：登封告成，為民報德，百王所同。陛下輒拒絕不許，臣下不敢頌功述德業，謹

二案字俱陰文

按河雒讖書赤漢九世當巡封泰山凡三十六事傳奏左帷陛下遂以仲月令辰遵岱嶽之正禮奉圖雒之明文以和靈瑞以為兆民上曰至泰山乃復議國家德薄災異仍至圖讖蓋如此（案司馬彪祭祀志三十二年正月上齋夜讀河圖會昌符曰赤劉之九會命岱宗不慎克用何益于承誠善用之姦偽不萌感此文乃詔松等復案索河雒讖文言九世封禪事者松等列奏乃許焉）上東巡狩至泰山有司復奏河雒圖記表章赤漢九世尤著明者前後凡三十六事與博士充等議以為殷統未絕黎庶繼命高宗久勞猶為中興武王因父受命之列據三代郊天（案二句疑有脫誤）因孔子甚美其

東觀漢記　卷五　四

功後世謂之聖王漢統中絕王莽盜位一民莫非其臣尺土靡不其有宗廟不祀十有八年陛下無十室之資奮振于匹夫除殘去賊興復祖宗集就天下海內治平夷狄慕義功德盛于高宗宣王宜封禪為百姓祈福親（請）定刻石紀號文太常奏儀制詔曰在昔小白自欲封夷吾難之季氏欲旅仲尼非焉蓋齊諸侯季氏大夫皆無事于泰山今予末小子巡祭封禪德薄而任重一則以喜一則以懼喜于得承鴻業帝堯善及子孫之餘賞蓋應圖籙當得是懼于過差執德不弘信道不篤為議者

三月重八　權

此頁四案字俱擬陰文

所誘進後世知吾罪深矣案范書光武紀中元元年二月己卯幸魯進幸泰山辛卯柴望岱宗登封泰山甲午禪于梁父攷司馬彪祭祀志辛卯二十二日甲午二十五日也封禪其玉牒文秘天子事也案以上封禪

明帝宗祀五帝于明堂光武皇帝配之案司馬彪祭祀志永平二年始行此禮以上明堂

孝成時匡衡奏立北郊復祠六宗至建武都雒陽制郊祀六宗廢不血食大臣上疏謂宜復舊上從公卿議由是遂祭六宗案司馬彪祭祀志安帝元初六年以尚書歐陽家說謂六宗者在天地四方之中為上下四方之宗三月庚辰初更立六宗祠于雒陽西北戌亥之地禮比大社劉昭注引李氏家書云司空李郃侍祠不見六宗祠奏曰尚書肆類于上帝禋于六宗六宗上不及天下不及地旁不及四方在六合之中助陰陽化成萬物漢初甘泉汾陰祀天地亦禋六宗孝成時匡衡奏復南北郊祀復祀六宗及王莽謂六宗即易六子建武制祀六宗廢不血食宜復舊制詔下公卿議議可者三十六人議不可者二十四人上從郃議以上六宗

章帝元和二年詔曰經稱秩元祀咸秩無文祭法功施于民則祀之以死勤事則祀之以勞定國則祀之能禦大災則祀之以日月星辰民所瞻仰也山林川谷丘陵民所取財用也非此族也不在祀典傳曰聖王先成民而後致力于神又曰山川之神則水旱癘疫之災于是

三月五日樓

所謂進退惟知吾罪深矣案范書光武紀中元元年二月己卯幸魯進幸泰山辛卯柴望岱宗登封泰山甲午禪于梁父[illegible]司馬彪祭祀志辛卯二十二日甲午二十五日也封禪其主議文教天子事也案以上封禪

明帝宗祀五帝于明堂光武皇帝配之案司馬彪祭祀志永平二年始行其禮以上明堂

孝成時匡衡奏立北郊復祠六宗至建武都雒陽制郊祀六宗廢不血食大臣上疏謂宜復舊上從公卿議由是遂祭六宗案司馬彪祭祀志安帝元初六年以尚書歐陽家說謂六宗者在天地四方之中為上下四方之宗三月庚辰初更立六宗祀于雒陽西北戌亥之地禮比太社劉昭注引李氏家書云司空李郃

侍祠不見六宗祠奏曰尚書肆類于上帝禋于六宗六宗上不及天下不及地旁不及四方在六合之中助陰陽[illegible]至建武制祀六宗廢不血食宜復舊制詔下公卿議議可者三十六人議不可者二十四人上從卿議以上六宗

章帝元和二年詔曰經稱秩元祀咸秩無文祭法功施于民則祀之以死勤事則祀之以勞定國則祀之能禦大災則祀之以日月星辰民所瞻仰也山林川谷丘陵民所取財用也非此族也不在祀典傳曰聖王先成民而後致力于神又曰山川之神則水旱癘疫之災于是

二葉字仍擬隆文

乎禜之日月星辰之神、則雪霜風雨之不時、于是乎禜之、孝文十二年令曰、比年五穀不登、欲有以增諸神之祀、王制曰、山川神祇、有不舉者、為不敬、今恐山川百神應典祀者、尚未盡秩、其議增修羣祀、宜享祀者、以祈豐年、以致嘉福、以蕃兆民、詩不云乎、懷柔百神、及河喬嶽、有年、報功、不私幸望、豈嫌同辭、其義一焉、案是時章帝將東巡狩故有是詔、以上羣祀、

永平三年八月丁卯、公卿奏議世祖廟登歌八佾舞功名、案功字疑衍東平王蒼議、以為漢制舊典、宗廟各奏其樂、

不皆相襲、以明功德、秦為無道、殘賊百姓、高皇帝受命誅暴、元元各得其所、萬國咸熙、作武德之舞、孝文皇帝躬行節儉、除毀謗、去肉刑、澤施四海、孝景皇帝制昭德之舞、孝武皇帝功德茂盛、威震海外、開地置郡、傳之無窮、孝宣皇帝制盛德之舞、光武皇帝受命中興、撥亂反正、武暢方外、震服百蠻、戎狄奉貢、宇內治平、登封告成、修建三雍、肅穆典祀、功德巍巍、比隆前代、以兵平亂、武功盛大、歌所以詠德、舞所以象功、世祖廟樂名、宜曰大武之舞、元命包曰、緣天地之所雜樂、為之文典、文王之

案字擬陰文

時民、樂其興師征伐、而詩人稱其武功、樞機鈐曰、有帝漢出、德洽作樂、各與虞韶夏禹湯頀周武無異、不宜以名舞、叶圖徵曰、大樂必易、詩傳曰、頌言成也、一章成篇、宜列德、故登歌清廟一章也、漢書曰、百官頌所登御者一章十四句、依書文始五行武德昭真（案昭真二字恐是昭德盛德四字誤）之修之、舞節損益前後之宜、六十四節為武曲、副八佾之數、十月蒸祭始御用、其文始五行之舞如故、勿進武德舞歌詩曰、於穆世廟、肅雍顯清、俊乂翼翼、秉文之成、越序上帝、駿奔來寧、建立三雍、封禪泰山、章明圖讖、

放唐之文、休矣惟德、罔射協同、本支百世、永保厥功、詔書曰、驃騎將軍議可、進武德之舞如故、（案司馬彪祭祀志劉昭注引蔡邕表志云、孝明立世祖廟、以明再受命祖有功之義、後嗣遵儉、不復改立、皆藏主其中、聖明所制、一王之法也、自執事之吏、下至學士、莫能知其所以兩廟之意、誠宜具錄本事、建武乙未、元和丙寅詔書、下宗廟儀及齊令、宜入郊祀志、永為典式、）

章帝初即位、賜東平憲王蒼書曰、朕夙夜伏思、念先帝躬履九德、對于八政、勞謙克己、終始之度、比放三宗、誠有其美、今迫遺詔、誠不起寢廟、臣子悲結、僉以為雖于更衣、猶宜有所宗之號、以克配功德、宗廟至重、朕幼無

時民樂其興師征伐，而詩人稱其武功。琁機鈐曰：「有帝漢出，德洽作樂。」各與虞韶、禹夏、湯濩、周武無異，不宜以名舞。叶圖徵曰：「大樂必易。」詩傳曰：「頌言成也，一章成篇，宜列德，故登歌清廟一章也。」漢書曰：「百官頌所登御者，一章十四句。」依書文始、五行、武德、昭德[illegible]、盛德修之舞，節損益前後之宜，六十四節為舞，曲副八佾之數。十月烝祭始御，用其文始、五行之舞如故。勿進武德舞。歌詩曰：「於穆世廟，肅雍顯清，俊乂翼翼，秉文之成。越序上帝，駿奔來寧。建立三雍，封禪泰山。章明圖讖，放唐之文。休矣惟德，罔射協同。本支百世，永保厥功。」詔書曰：「驃騎將軍議可。」進武德之舞如故。按：邕表志云：「孝明立世祖廟，以明再受命祖有功之義，後嗣遵儉，不復改立，皆藏主其中。聖明所制，一王之法也。自執事之吏，下至學士，莫能知其所以兩廟之意，誠宜具錄本事。建武乙未、元和丙寅詔書，下宗廟儀及齋令，宜入郊祀志，永為典式。」

章帝初即位，賜東平憲王蒼書曰：「朕夙夜伏思，念先帝躬履九德，對于八政，勞謙克己，終始之度，比放三宗，誠有其美。今迫遺詔，誠不起寢廟，臣子悲結，愈以為雖于更衣，猶宜有所宗之號，以克配功德。宗廟至重，朕幼無

案字擬隱文

知、寤寐憂懼、先帝每有著述典義之事、未嘗不延問王
以定厥中、願王悉明處、乃敢安之、公卿議駁、今皆并送、
及有可以持危扶顛、宜勿隱思有所承、公無困我、太尉
憙等奏、禮祖有功宗有德、孝明皇帝功德茂盛、宜上尊
號曰顯宗、四時祫食于世祖廟、如孝文皇帝在高廟之
禮、奏武德文始五行之舞、蒼上言、昔者孝文廟樂曰昭
德之舞、孝武廟樂曰盛德之舞、今皆祫食于高廟、昭德
盛德之舞不進、與高廟同樂、今孝明皇帝主在世祖廟、
當同樂盛德之樂無所施、如自立廟當作舞樂者、不當

與世祖廟盛德之舞同名、案前文東平王蒼請名世祖廟舞為大武、詔仍進武德之舞、無盛德舞之名、此句疑有訛舛、即不改作舞樂、當進武德之舞、臣愚
戇鄙陋、廟堂之論、誠非所當聞所宜言、陛下體純德之
妙、奮至謙之意、猥歸美于載列之臣、故不敢隱蔽愚情、
披露腹心、誠知愚鄙之言、不可以向仰四門賓于之議、
伏惟陛下以至德當成康之隆、天下乂安、刑措之時也、
陛下盛歌元首之德、股肱貞良、庶事寧康、臣欽仰聖化、
嘉羨盛德、危顛之備、非所宜稱、上復報曰、有司奏上尊
號曰顯宗、藏主更衣、不敢違詔、祫食世祖廟樂、皆如王

知寤寐憂懼，先帝每有著述典義之事，未嘗不先問王以定厥中，願王悉明處，乃敢安之。今卿議駁，今皆并送。凡有可以持危扶顛，宜勿隱。思有所承，公無困哉。太尉熹等奏：「禮，祖有功，宗有德。孝明皇帝功德茂盛，宜上尊號曰顯宗，四時祫食于世祖廟，如孝文皇帝在高廟之禮，奏武德、文始、五行之舞。」蒼上言：「昔者孝文廟樂曰昭德之舞，孝武廟樂曰盛德之舞，今皆祫食于高廟，昭德、盛德之舞不進，與高廟同樂。今孝明皇帝主在世祖廟，當同樂，盛德之樂無所施；如自立廟，當作舞樂者，不當與世祖廟盛德之舞同名，廟（案：前文東平王蒼請名世祖廟舞為大武，詔以進武德之舞，無盛德舞之名。此句疑有說神）即不改作舞樂，當進武德之舞。臣愚戇鄙陋，廟堂之論，誠非所當聞所宜言。陛下體純德之妙，奮至謙之意，猥歸美于載列之臣，故不敢隱蔽愚情，披露頑心，誠知愚鄙之言，不可以向仰四門賓于之議。伏惟陛下以至德當成康之隆，天下乂安，刑措之時也。陛下敬歌元首之德，股肱賢良，庶事寧康，臣欽仰聖化，嘉美盛德，危顯之備，非所宜稱。」上復報曰：「有司奏上尊號曰顯宗，藏主更衣，不敢違詔，祫食世祖廟，樂皆如王

此頁三案字俱擬陰文

議、以正月十八日始祠、仰見榱桷、俯視几筵、眇眇小子、哀、懼戰慄、無所奉承、愛而勞之、所望于王也、【案】范書明帝紀、帝遺詔無起寢廟、藏主于光烈皇后更衣別室、又章帝紀、帝即位、有司奏言、孝明帝聖德淳茂、宜尊廟曰顯宗、其四時禘祫于光武之堂、間祀悉還更衣、共進武德之舞、如孝文皇帝祫祭高廟故事、制曰可、

建初四年八月、上以公卿所奏明德皇后在世祖廟坐位駁議、示東平憲王蒼、蒼上言、文武宣元祫食高廟、皆以后配先帝所制、典法設張、大雅曰、昭茲來許、繩其祖武、又曰、不愆不忘、率由舊章、明德皇后宜配孝明皇帝、【案】范書章帝紀、建初三年六月癸丑、皇太后馬氏崩、秋七月壬戌、葬明德皇太后、此則葬後議祔廟也、司馬彪

祭祀志劉昭注引謝沈書一段、與此同、末有與世祖廟同席而供饌句、尤為完密、

永初六年、皇太后入宗廟、于世祖廟與皇帝交獻薦、如光烈皇后故事、【案】此和熹鄧皇后也、攷范書安帝紀、在永初七年、以上宗廟、

車服志

天子行有單罕、

永平二年正月、公卿議舉南北郊、東平王蒼議曰、孔子曰、行夏之時、乘殷之輅、服周之冕、為漢制法、高皇帝始受命創業、制長冠以入宗廟、光武受命中興、建明堂、立辟雍、陛下以聖明奉遵、以禮服龍袞、祭五帝、禮缺樂崩、

二月五日 熊

議以正月十八日始祠仰見榱桷俯視几筵[illegible]小子

哀懼戰慄無所奉承而詩之所望于王也[illegible]

[illegible]

[illegible]

夏礿四年八月上以公卿所奏明德皇后在世祖廟坐

位數議示東平憲王蒼蒼上言文武宣元祫食高廟[illegible]

以后配先帝所制典法設張大雅曰昭茲來許繩其祖

武又曰不愆不忘率由舊章明德皇后宜配孝明皇帝

[illegible]

東觀漢記 卷五

[illegible]

永和六年皇太后入宗廟于世祖廟與皇帝交獻薦如

光烈皇后故事[illegible]

車服志

天子行有罼罕

永平二年正月公卿議舉南北郊東平王蒼議曰孔子

曰行夏之時乘殷之輅服周之冕為漢制法高皇帝始

受命創業制長冠以入宗廟光武受命中興建明堂立

辟雍陛下以聖明奉遵以禮服龍袞祭五帝禮敘樂明

此頁五案字仍擬陰文

久無祭天地冕服之制、案尊事神祇、潔齋盛服、敬之至也、日月星辰、山龍華藻、天王袞冕十有二旒、以則天數、旂有龍章日月、以備其文、今祭明堂宗廟、圓以法天、方以則地、服以華文、象其物宜、以降神明、肅雝備思、博其類也、天地之祀、冕冠裳衣宜如明堂之制、〔案〕司馬彪輿服志、漢承秦故郊祀之服皆以袀玄、至顯宗、初服旒冕衣裳文章赤舄絇屨以祠天地、其議實自東平發之、

武冠、俗謂之大冠、〔案〕司馬彪輿服志、武冠環纓無蕤、以青系為緄、加雙鶡尾豎左右、亦名鶡冠五中郎將羽林左右監、虎賁武騎、皆冠之、

貴人相國、綠綬三采、綠紫白、〔案〕司馬彪輿服志、作綠紫紺、純綠圭、公

卿將軍、紫綬二采、紫白、純紫圭、公主封君、同九卿中二千石、青綬三采、青白紅、純青圭、千石六百石、黑綬、二采、青紺、〔案〕司馬彪輿服志作三采青赤紺、純青圭、四百三百二百石、黃綬、純黃圭、一采、百石、青紺綬、一采、宛轉繆織

孝明帝作蠙珠之佩、以郊祀天地、〔案〕以上皆志冠服、其車輿闕、

朝會志

天文志

〔案〕此二篇全闕、今存其目

東觀漢記卷五

案字擬陰文

東觀漢記卷六

列傳一　外戚

光烈陰皇后

有陰子公者，生子方，方生幼公，公生君孟，名睦，即后之父也。初，光武適新野，聞陰后美，心悅之。後至長安，見執金吾車騎甚盛，因歎曰：「仕宦當作執金吾，娶妻當得陰麗華。」更始元年，遂納后于宛。上即位，立為貴人。上以后性賢仁，宜母天下，欲授以尊位。后輒退讓，自陳不足以當大位。（案范書后紀建武二年以后固辭尊位，遂立郭后，至十七年乃廢郭后而立后。）

明德馬皇后

明德皇后嘗久病，至卜者家為卦，問咎祟所在。卜者卦定，釋蓍仰天歎，問之，卜者乃曰：「此女雖年少，後必將貴，遂為帝妃，不可言也。」后長七尺二寸，青白色，方口美髮。為四起大髻，但以髮成，尚有餘，繞髻三匝。（案太平御覽此下有複出諸髮四字）眉不施黛，獨左眉角小缺，補之如粟。常稱疾而終身得意。永平三年，有司奏立長秋宮，以率八妾。上未有所言，皇太后曰：「馬貴人德冠後宮。」遂登至尊。先是數日，夢有小飛蟲萬數隨著身，入皮膚中，復飛去。既處椒房，

校録黄繩祖

校録黃繩祖

[案字擬陰文]

[案以上明帝時事]

大官上食重加幕覆輒撤去不喜出入遊觀希嘗臨御牕望袍極麤疏諸主朝望見反以為綺后曰此繒染色好故直用之后嘗有不安時在敬法殿東廂上令太夫人及兄弟得入見后志在克己輔上不以私家干朝廷

[案語抑不還下]

兄為虎賁中郎將為黃門郎訖永平世不遷時上欲封諸舅外間白太后太后曰吾自念親屬皆無柱石之功俗語曰時無赭澆黃土因詔曰吾萬乘之主身衣大練縑裙食不求所甘左右旁人皆無薰香之飾前過濯龍門見外家問起居車如流水馬如龍亦不譴怒但絕其

[案字擬陰文]

歲用蕫以默止讙耳[案太后詔止此下章帝時事]及上欲封諸舅太后輒斷絕曰吾計之熟矣勿有疑也至孝之行安親為上今遭變異穀價數倍憂惶晝夜不安坐臥而欲封爵違逆慈母之拳拳吾素剛急有胸中氣不可不慎穰歲之後惟子之志吾但當含飴弄孫不能復知政事太后素謹慎小感慨輒自責如平生事舅姑時新平主家御者失火及北閣後殿深以自過起居不欲至正月當上原陵言我守備不精慙見原陵不上太后置蠶室織室于濯龍中數往來觀視以為娛樂廣平鉅鹿樂成王在邸入

二案字俱擡陞 文

校録黃純祖

朝聞起居、上望見車騎鞍勒皆純黑、無金銀采飾、馬不踰六尺、于是白太后、即賜錢各五百萬、太后詔書流布、咸稱至德、莫敢犯禁、

敬隱宋皇后

敬隱宋后（案范書安帝紀建光元年追尊祖妣宋貴人為敬隱皇后、）以王莽末年生、遭世倉卒、其母不舉、棄之南山下、時天寒、冬十一月、再宿不死、外家出過于道南、聞有兒啼聲、憐之、因往就視、有飛鳥紆翼覆之、沙石滿其口鼻、能喘、心怪偉之、以有神靈、遂取而持歸養、長至年十三歲、乃以歸宋氏、（案范書清

河孝王慶傳、后宋昌八世孫、父楊、母王氏、永平末入太子宮、甚有寵、肅宗即位、為貴人、生慶、立為皇太子、慶旋以讒廢、貴人自殺、後殤帝崩、立慶長子祜、祜為嗣、是為安帝、）時竇皇后內寵方盛、以貴人名族節操高妙、心內害之、欲為萬世長計、陰設方畧、讒毀貴人、由是母子見疏、數月、誣奏貴人使婢為蠱道祝詛、七年、遂被譖暴卒、

孝和陰皇后

孝和陰皇后、聰慧敏達、有才能、善史書、永元二年、選入掖庭、為貴人、託以先后近屬、故有寵、

和熹鄧皇后

此頁四案字俱擬陰文

校錄黃繩祖

后年五歲太夫人為剪髮夫人年高目冥并中后額雖痛忍不言一額盡傷左右怪而問之后言夫人哀我為斷髮難傷老人意故忍之耳（案此段從太平御覽纂入）六歲諸兄持后髮后曰身體髮膚受之父母不敢毀傷孝之始也奈何弄人髮乎七歲讀論語志在書傳母常非之曰當習女工今不是務寧當學博士耶后重違母意晝則縫紉夜私買脂燭讀經傳宗族外内皆號曰諸生嘗夢捫天體蕩蕩正青滑有若鍾乳后仰噏之以訊占夢言堯夢攀天而上湯夢及天舐之此皆聖王之夢吉不可言（案范

書后紀后以永元八年冬選入掖庭為貴人）八后遜位手書謝表深陳德薄不足以奉宗廟充小君之位（案范書后紀永元十四年陰后以巫蠱事廢后請救不能得稱篤疾深自閉絕至冬立為皇后辭讓者三然後即位以上和帝時事）太后賜馮貴人步搖一具（案范書后紀和帝葬後宮人並歸園故后有是賜）時新遭大憂法禁未設宮中亡大珠一篋主名不立念欲考問必有不辜太后乃親自臨見宮人一一問閱察其顏色開示恩信宮人盜者即時首服不加鞭箠不敢隱情宮人驚咸稱神明（案此十五字從太平御覽增）太后臨朝萬國貢獻悉令禁絕歲時但貢紙墨而已上林鷹犬悉斥放之（案以上殤帝延平元年事）

此頁三案字俱擬除文

校録黄繩祖

永初二年、[案]此下安帝時事、三月京師旱、至五月朔、太后幸洛陽寺、省庶獄、舉冤囚、杜冷不殺人、自誣被掠、羸困便輿見、畏吏不敢自理、吏將去、微疾舉頭、若欲有言、太后察視覺之、即呼還問狀、遂得申理、即時收令下獄抵罪、尹左還、行未還宮、澍雨大降、太后雅性不好淫祀、嘗不安、左右憂惶、至令禱祠、願以身代牲、太后聞之、甚怒、即敕令禁止、以為何故乃有此不祥之言、左右咸流涕嘆息曰、太后臨大病不自顧、而念兆民、後病遂瘳、豈非天地之應歟、太后自遭大憂、及新野君仍喪諸兄、常悲傷思慕、羸瘦骨立、不能自勝、[案]范書鄧后紀、后以永寧二年三月崩、

東觀漢記　卷六　五

順烈梁皇后

永建三年春三月丙申、[案]太平御覽作丙午、選入掖庭、相工茅通見之、[案]茅通、歐陽詢藝文類聚作茅道、瞿然驚駭、卻再拜賀曰、此謂日角偃月、相之極貴、臣所未嘗見也、太史卜之、兆得壽房、又筮之、得坤之比、順帝陽嘉元年、立為皇后、是時自冬至春不雨、立后之日、嘉澍沾渥、[案]太史卜以下至此、從太平御覽纂入

竇貴人

竇章女、年十二、能屬文、以才貌選掖庭、有寵、與梁皇后

此頁二案字俱擬陰文

並為貴人、早卒、帝追思之、詔史官樹碑頌德、帝自為之詞、案帝太平御覽作章案范書竇章傳作章自爲之詞

孝崇匽皇后

申貴人生孝穆皇、案孝穆皇、即章帝子河閒孝王開也、開生蠡吾侯翼、翼生桓帝、帝即位、追尊河閒孝王為孝穆皇、蠡吾侯為孝崇皇、趙夫人生孝崇皇、匽夫人生桓帝、帝既立、追謚趙夫人為穆皇后、匽夫人為博園貴人、和平元年、桓帝詔曰、博園匽貴人、履高明之懿德、資淑美之嘉會、與天合靈、篤生朕躬、欲報之德、詩所感歎、令以貴人為孝崇皇后、

孝桓鄧皇后

孝桓帝鄧后、字猛、案范書鄧后紀、后諱猛女、父香、早死、[illegible]母宣改嫁為掖庭民梁紀妻、紀者襄成縣君孫壽之舅也、壽引進令入掖庭、得寵、為貴人、故冒姓為梁氏、

校録黄綿祖